LA DYNASTIE

DES

LA PALISSE

PAR

CH. LONGUET.

BRUXELLES.
IMPRIMERIE DE A. MERTENS ET FILS,
22, RUE DE L'ESCALIER.

1865

LA DYNASTIE

DES

LA PALISSE.

LA DYNASTIE

DES

LA PALISSE

PAR

CH. LONGUET.

BRUXELLES
TYPOGRAPHIE DE A. MERTENS ET FILS,
22, RUE DE L'ESCALIER.

1865

LA DYNASTIE

DES

LA PALISSE.

Voici le nouvel article de la *Rive gauche* qui a provoqué la saisie du dernier numéro de ce journal. On y verra que la jeunesse universitaire se moque agréablement du César, et que celui-ci est obligé de se reconnaître dans les portraits les moins flattés :

Il y a quelques siècles, un homme fonda une dynastie, sans y songer et sans le savoir, ce qui est bien la meilleure manière.

Il était doué d'ailleurs d'une honnêteté naïve qui, dans l'histoire, le distingue tout particulièrement de ses confrères. Dans sa bouche, la vérité s'exprimait en paroles simples, qui ont fait vivre son nom à travers les âges. Comme l'écrivit un jour un de ses plus éloquents successeurs : « Il a survécu au néant, » ce qui est le propre du génie.

C'était un homme providentiel.

Il s'appelait M. de La Palisse.

Pourquoi l'histoire capricieuse et les masses aveugles n'ont-elles pas dit : La Palisse Ier, La Palisse II, La Palisse III, etc...? C'est là une de ces fantaisies inexplicables contre lesquelles doit protester tout sincère admirateur des hommes providentiels et de leur gloire.

Soyons logiques, et nous serons justes. C'est désormais toute la règle en histoire. La logique, voyez-vous!...

Si Port-Royal s'en était douté, la France eût eu bien plus tôt son grand historien. Mais il nous siérait mal aujourd'hui de nous plaindre. Tout vient à point à qui sait attendre.

Entre nous, ce qui excuse peut-être l'histoire capricieuse et les masses aveugles, c'est qu'à compter les descendants en ligne plus ou moins directe de La Palisse le Grand, elles eussent perdu leur latin.

Je vous ai parlé des successeurs de La Palisse. Hélas! quelle décadence!

Comme ils ont altéré cette naïve simplicité

de leur ancêtre, qui fit toute sa gloire et fut tout son génie!

Certes, ils en ont gardé assez, avouons-le, —car il faut être juste...pour être logique,— pour qu'on puisse aisément reconnaître leur filiation, avantage bien rare chez les successeurs des monarques.

Voici comment les successeurs de La Palisse ont défiguré ses charmantes et honnêtes qualités. Je vais tout vous dire en un mot :

Ils ont emprunté tout ce qu'il avait de mauvais à chacun des régimes qui les ont précédés. — Voilà.

Je veux dire qu'ils ont mêlé Prudhomme et Jocrisse à leur aïeul — si peu prétentieux, l'honnête homme!

De là une décadence dans leur langage.

Et cependant, pour être juste — et logique, — il faut reconnaître qu'ils ont montré des qualités nouvelles, bien faites pour éblouir la masse des badauds, qui railleraient sans pitié la simplicité sainte de La Palisse Ier, mais auxquels en impose aisément la solennité, la fausse noblesse, en un mot la banalité vernissée et boursouflée de métaphores.

Prenons des exemples. — En voici un :

La sagesse des nations, qui parle souvent comme La Palisse, a dit : Il n'y a pas d'effet sans cause. — Rien de plus vulgaire.

Voyez maintenant comment avec un ton dogmatique, un faux air de philosophie, on peut rajeunir une pensée aussi banale. On écrira dans ce genre :

« Tenons pour certain qu'un grand effet

est toujours dû à une grande cause, jamais à une petite. »

Et si l'on veut ajouter à la pensée l'éclat d'une métaphore :

« L'étincelle n'allume un vaste incendie que si elle tombe sur des matières combustibles amassées d'avance. »

La *Cuisinière bourgeoise* dit : « Pour faire un civet, prenez un lièvre »; M. de La Palisse, lui, eût dit : « Pour faire du feu, prenez des matières combustibles. » L'écrivain cité a su habilement orner ces vérités trop nues.

Il y a une vingtaine d'années, lorsqu'il n'avait pas encore perfectionné son procédé et qu'il s'en tenait purement et sottement aux préceptes du maître, cet auteur s'était acquis une belle réputation par un ouvrage dont j'extrais, comme spécimen, la phrase suivante :

« La richesse d'un pays dépend de la prospérité générale. »

Cela, je l'avoue, me séduit davantage. C'est presque du La Palisse. Mais, depuis, je le répète, quelle décadence !

Vous vous rappelez le couplet où il est dit du grand La Palisse :

... Il était toujours vainqueur
Quand il remportait la victoire.

Eh bien ! voyez avec quelle grandiloquence on peut exprimer une pensée analogue :

« Si pendant près de mille ans les Romains sont toujours sortis triomphants des plus dures épreuves et des plus grands périls, c'est qu'il existait une raison générale qui les a toujours rendus supérieurs à leurs ennemis... »

« C'est le propre du génie que de survivre au néant. »

Survivre au néant! Vivre après le néant! Qu'est-ce que cela peut bien signifier?

Mais ces trouvailles heureuses, ces habiles ornements faussent parfois la pensée ou la rendent inintelligible. Voici un exemple de ce défaut dans une phrase déjà citée :

Le disciple inconnu de La Palisse, qui a chanté son histoire, a bien pu dire : « Un quart d'heure avant sa mort il était encore en vie. » Mais il avait trop bien retenu les leçons du maître et son amour naïf de la vérité pour jamais se permettre d'écrire : « Un quart d'heure après sa mort il était encore en vie. »

Ce qui précède montre assez quel a été notre but en écrivant ces lignes. Notre but, c'est de prouver que lorsque la Providence suscite des hommes tels que La Palisse, Prudhomme ou Jocrisse, c'est pour donner aux peuples l'occasion d'en rire et de les siffler tout à leur aise.

Heureux donc les peuples qui les bafouent et qui les raillent! Malheur à ceux qui les prendraient au sérieux et les applaudiraient! La grande justicière, dont on profane souvent le nom, l'histoire, n'aurait que railleries pour l'infortune de ces peuples... Pour la raconter, une citation de Rabelais lui suffirait... Écoutez :

« Le marchant, tout effrayé de ce que devant ses yeulx périr voyoit et noyer ses moutons, s'efforçoit de les empescher et retenir de son pouvoir. Mais c'étoit en vain. Tous à la file saultoient dedans la mer et périssoient. Finalement, il en prit un grand et fort par la toison sur le tillac de la nauf, cuidant ainsi le retenir, et saulver le reste aussi conséquemment. Le mouton fut si puissant qu'il emporta en mer avec soy le marchant, et fut noyé, en pareille forme que les moutons de Polyphemus le borgne cyclope emportèrent hors la caverne Ulyxés et ses compaignons. Autant en firent les autres bergiers et moutonniers, les prénans uns par les cornes, autres par les jambes, autres par la toison.

« *Lesquelz tous furent pareillement en mer portés et noyés misérablement.* »

www.ingramcontent.com/pod-product-compliance
Ingram Content Group UK Ltd.
Pitfield, Milton Keynes, MK11 3LW, UK
UKHW012312240726
13966UKWH00005B/1814

9 782011 941367